Pedazos de Mí

Nikol Duarte Rodríguez.

Pedazos de Mí

Por: Nikol Duarte Rodríguez.
Primera Edición.
ISBN: 978-958-48-6829-9
ISBN: 978-958-48-6830-5
Junio 2019

Agradecimientos.

A todos los que hacen parte de mi historia, a las dichas, a las tristezas, a los amores y las decepciones; a todos los descubrimientos y los miedos que enfrente, también a los que no.

A los sí que me guarde y a los no que reserve, a los que grite y susurre; a esos también. a mi madre por amarme y darme la esperanza cuando la perdía, a mis amigos que me hicieron camino cuando ya no sabía andar, a mis hermanos que me sostuvieron cuando no pude volar más, a mí misma por creer tanto y no parar de soñar nunca.

Al Eterno y Sabio Dios que me dio el escribir para poder hacer ruido.
A todo esto y a lo que no está escrito, pero vive en mi corazón.

Gracias.

Prólogo

Esta es la primera versión de mí que me decido a escribir, no tengo idea de quién seas tú que me lees ahora; pero sé quién soy y todo lo que he vivido, que le han dado forma a mi última versión, la que compartiré contigo.

Verás soy un ser humano como cualquier otro, lleno de experiencias y anécdotas que quieren ser escritas y leídas también; tengo miles y millones de eventos accidentales, provocados, designados y atraídos que me formaron y me forman, que hoy sin querer disimularlos pretendo exponer.

He tenido días tan brillantes y oscuros a la vez, he pasado por momentos donde ni yo misma me he reconocido, he olvidado el camino muchas veces y en otras solo lo he reinventado; me he quedado estática frente a enormes temores y me he lanzado de precipicios tan altos como mis sueños y sí que son altos; he vivido romances y tragedias, mi vida ha sufrido comedías, fantasías y poesías, uno que otro monólogo y en ocasiones impresionantes novelas, que han construido en mi este género literario extraño y abstracto con el que te has encontrado.

Realmente no pretendo resumir mi vida, mi intención es hacerte saber que quizás eso que ahora vives alguien más lo vivió también; que se puede salir, que siempre se puede.

Te hablo aquí de experiencias, a través los ojos de una humana inexperta que hasta ahora, mínimamente, ha aprendido a entender que no es perfecta, que fallar está bien y que empezar de cero a veces es lo mejor.

Pedazos de Mí.
Por: Nikol Duarte Rodríguez.

Índice

1
Fragilidades

He visto como la vida se desvanece ante mis ojos, **la mía incluso, muchas veces se apagó.**

Todo, como si una fuerza más grande que la gravedad lo atrajera al fondo, se desplomó un día, **dejándome con un desastre para reconstruir**, con miedos indescriptibles y con tantas fragilidades, que le fragilidad misma me tenía envidia.

Generalmente la vida me sabía a muerte y los días de calor, eran igual de fríos a una noche de invierno, no había sentido dentro de mí, más que el de sobrevivir a un temporada incierta.

Y lo hice.

Me adueñe de la poca vida que me dejaron, **me aferre a la minúscula llama que aún ardía en mi pecho** y me gritaba todos los días – *No te extingas* – No me deje apagar, fui más fuerte que todo y avance.

Avance sabiendo que en cualquier momento podría recaer, continué sin mapas, sin direcciones, sin caminos claros, pero con un pensamiento vivo – ***Mis fragilidades de hoy, son mis logros de mañana*** – Creí de mí, me di oportunidades que creía inmerecidas y hoy después de tantos ciclos y existencia transcurrida puedo decir que he encontrado la salida.

Siempre la hay, siempre se puede; no hay nada más falso en este mundo que esas voces internas que intentan apagarnos las ganas de vivir, porque siempre, aunque lo veamos imposible, se puede.

2
Entre El Mar

¿Cómo es posible sobrevivir en el mar, cuando el agua misma te lastima, cuando su sal te hace arder las heridas y su fuerza indescriptible te arrastra a sus profundidades? ¿Cómo se sobrevive cuando el poco viento que recibes te ahoga, la luz que cae sobre ti te enceguece y los brazos ya no te dan para seguir nadando? ¿Cómo se vive con el deseo inconfesable de querer huir de tu presente, pero el orgullo de quedarte, continuar y demostrar que puedes sobrevivir te aferra?

Llegas a ese punto crítico donde solo ves una inmensidad de agua y ni un solo punto de tierra, donde sabes que no puedes correr porque no hay camino definido entre tanto azul, **donde lo único que tienes es a ti mismo y ni siquiera eso es suficiente.**

Náufrago, perdido en inmensidades desconocidas, con el corazón en la garganta por el miedo a todo eso que vive debajo de ti, asustado, sin una gota de valentía en el alma, porque todo ha sido arrastrado a lo profundo junto con el barco de estabilidad que se hundió en la miseria.

Sin geografía que valga porque eres ajeno a todo lo que te rodea, porque no sabes de mares, de fuerzas, de vientos o de estrellas y estas solo, en medio de un universo tan diferente a todo lo que ya estabas acostumbrado.

¿Y ahora?

Ahora ya no se trata de sobrevivir, se trata de avanzar, mantenerse y continuar, de seguir hasta que puedas nadar y soportar que el mar es tu camino y que, aunque tus heridas ardan por un momento, a su tiempo, la sal que te lastimaba te curara entonces, ese poco de aire que alcanzabas a recibir te llena los pulmones de esperanza y por fin después de días de nadar a la deriva logras encontrar la tierra, y avanzas, hasta que ya no sobrevives, hasta que por fin vives, libre.

3
Detrás De Las Hojas

Es reconfortante contemplar la belleza de los árboles cuando sus ramas están llenas de hojas, cuando están en ese punto perfecto de dinamismo con el viento, que parece que cantan cada que este pasa entre ellas.

Pero ¿qué hay detrás de todo eso? ¿Cuántas son las imperfecciones que se esconden?

Solemos enfocarnos en el verde que brota los días de verano, nos agrada la sombra que nos brindan en días soleados, se hacen hermosos al ver sus hojas tornarse doradas y un día, sin previo aviso desaparecen, ya no están, se han caído.

Al descubierto quedan entonces lo torcidas de sus ramas, lo imperfectos que en realidad son, la vana belleza se deshace y sus troncos, rígidos, torcidos y bultosos toman protagonismo.

Puedo compararlo con lo que consideramos vida, **tan llena de apariencia y a su vez vacía,** al hombre encarcelado en un mundo de reputaciones, de sueños frustrados por no ser precisamente lo que otros esperan que sea, **veo una humanidad tan frágil y rota, tan desesperada por volar y tan cobarde a la vez.**

El tiempo se nos está pasando de prisa y hemos olvidado por completo el valor de la esencia de un alma, **la importancia de los imposibles, del amar sin ataduras, del don de ser libres.**

¿Y si dejamos que las hojas se nos caigan y apreciamos nuestras ramas? ¿Si nos olvidamos de posiciones y volvemos a recorrer nuestros caminos? **¿Por qué no dejar de ser momentos y volvemos a estar vivos?**

Amemos todo eso que ocultamos, lo que nos define desde dentro, nuestras noches de ocasos y nuestros días de muerte, amemos todo eso que queremos olvidar y no dejamos salir, lo que un día nos marcó y no sabemos decir.

Amémonos en invierno, tanto como cuando estamos en primavera.

4
Entretejida

Soy vida.

Por fin después de tanto tiempo vagando en las incógnitas de mí ser, he llegado a concluir que soy vida. Y con vida no me refiero al acto monótono de respirar, **soy vida porque amo, porque lloro, porque siento, porque odio; soy vida sin temor a equivocarme y con miedos enormes de perderme, soy vida porque sueño, porque intento y porque fallo.**

Soy la vida que muchos han desperdiciado, soy los momentos en el autobús mirándome pasar por la ventana, a través del casi invisible cristal que de mi misma me separa.

Soy vida siendo mujer, entretejida en mis miles de emociones, en mis ganas de llorar y en mi fuerza para amar, aun cuando odio mi existencia y no valoro mi lugar.

Soy vida porque comprendí lo que es vivir y disfrutar cada momento que se me presenta, aprendí que las oportunidades llegan en diversas formas y que soy yo quien decide como tomarlas, **soy vida amándome con todos mis defectos y odiándome por la misma razón**, soy los cafés de cada noche, las lágrimas del amanecer, los vasos de agua después de despertar, el pan tostado en el sartén, soy el libro que comencé hace ya varios meses y los versos que de mi corazón emergen, soy mis canciones en la ducha y mis gritos al vacío, **soy mi manera sutil de mandar todo al carajo y mi arrepentimiento de soltar lo que se fue.**

Soy el mosaico más diverso que han pintado y el lienzo más blanco que se ha visto jamás, soy sinónimo de perfección, antónimo de error, soy la valentía que escondo tras mis ojos enrojecidos de dolor, **soy las sonrisas que brindo, soy mis manos hechas abrigo.**

Concluyo que he aprendido a conocerme y a escuchar la vocecita en mi cabeza de la que pretendía huir todo este tiempo, sé que no he logrado llegar a donde quiero pero estoy segura que he avanzado unas cuantas millas, y eso, claramente.

También es Vivir.

5
Mientras Las Gotas Caen

El aroma que brota de la tierra árida y seca, al ser bañada por pequeñas gotas que caen una tras otra, **me llena de respuestas.**

Entiendo que todo en la vida es necesario, **que hasta las tormentas se tornan buenas, cuando aprendemos a bailar junto con ellas,** que el verde de los pastos se perdería si no hubiese agua que sobre él descienda, **que todo es propicio, lo bueno y lo que consideramos malo.**

Lo curioso de las gotas son sus marcas, van trazando con suavidad el camino que recorren sin buscar herir, solo caen e intentan seguir.

Sí fuéramos tan reales como cada gota efímera que cae, **si nos entregáramos en totalidad a lo que creemos correcto, a lo que llamamos verdad,** si descendiéramos confiados de que volveremos a subir, si trazáramos camino, si dejáramos de huir.

Entonces habría más vida con sentido que sentidos queriendo vivir, tendríamos el corazón hinchado de valentía y los ojos llenos de ilusión, dejaríamos a un lado todos los pesos que nos impiden aprender, que nos impiden volar hacia lo que no hemos descubierto y seríamos colonos de todos nuestros "quiero".

Si nos dejáramos de miedos, si fuéramos de Vientos.

6
Silencio

Oscuro, siniestro y enfermizo silencio, lleno de gritos ocultos encerrados en cuatro paredes, que acompañan a un alma reprimida entre tanto peso que carga; con el deseo agobiante de escapar de todo aquello que solo le estorba, con la necesidad insaciable de finalmente hacer ruido.

He escuchado esa frase común de que *"Mejor es ser dueño de nuestros silencios, a ser esclavos de lo que decimos"*; y me niego rotundamente a creerlo, porque me he dado cuenta de que el silencio también se hace verdugo, también ahoga, encarcela y presiona.

Se han cansado sus pasos, se ha apagado su voz, se ha dejado caer en el entorno escalofriante de su oscura habitación, sin gotas de sol o esperanzas de luna, con sus manos frías y sus lágrimas sin cordura, el silencio la ha hecho prisionera nuevamente, de palabras que la condenan.

¿Qué hacer entonces con aquellas verdades tan bien ocultas? ¿Qué hacer con sus ojos tan llenos de gritos y angustia? ¿Dónde dejamos lo que siente, pero no puede ser?

No es justo, no es justo tener todo y no ser, es tan doloroso querer quedarse y ser empujada al vacío de final desconocido, silencios que condenan y palabras que no salvan, vidas que se lanzan y no tienen esperanzas.

Paredes siendo testigos de sonidos mudos que torturan, espejos que solo acusan con millones de preguntas.

¿Y si fuera tan valiente como la sonrisa que regala? ¿Tan brillante como la luz que intenta dar? ¿Tan segura como sus pisadas cuando lleva tacones? o ¿Tan libre como sus carcajadas?

Pero sigue rota, igual o peor que antes, en su intento de repararse, olvido perdonarse, olvido ese placer de amarse a sí misma, se ocultó en el silencio de su vida, apagó su voz por muchos días y hoy, después de verse nuevamente caída decidió gritar con lo poco que sabía.

Su poesía.

7
Cuando Te Hablo De Guerras

He caminado sin armadura en medio del campo de batalla, he visto como se acaba la vida tras las lanzas del rechazo, del menosprecio, de la negación y la crítica. **He visto personas aferrarse a sus siete vidas queriendo conservarlas todas y otras tantas dejándolas ir, mientras que pierden uno a uno sus encuentros.**

Luego estoy yo, **vestida de una inmortalidad invisible, impulsándome a continuar en guerras que ni siquiera me pertenecen**, y lo he hecho, he peleado por salvarme de condenaciones eternas a vidas sin sentido, **he luchado por verme en libertad cada que han intentado oprimirme, he gritado por los voces calladas de otros y aunque he acabado casi sin rastro de vida, he vencido.**

Si alguien sabe de guerras es aquella que no suelta su bandera por más heridas que lleve.

Si alguien conoce de ocasos es esa a quien se le ha presentado la muerte en todas sus formas y hoy después de tanto sigue con vida. **Si alguien puede tener pruebas de lo que es sobrevivir a una guerra fría dentro de un alma cansada, es esta, que se miraba al espejo y aún sin creerlo se decía a sí misma, puedes hacerlo.**

Si hay alguien que hoy puede decirte que siempre hay una salida, es esta mortal que se presenta, **la que un día navegaba a la deriva y gritaba por la ayuda que nunca llegó.**

La que tuvo entonces que vestirse del valor que no conocía y sobrevivió.

Cuando te hablo de guerras, no me referiré nunca a las que pueden percibirse a simple vista, **siempre estaré hablando de esas que se viven en silencio y se ganan a escondidas, las que verdaderamente nos marcan y nos dividen la vida en dos.**

De esas en las que morimos para siempre y renacemos para quedarnos.

8
Te He Visto

He visto todo eso que has tratado de ocultar, aunque lo hayas hecho bien y al principio estuviese difícil.

He visto hasta lo que tú mismo no has querido ver de ti, **he conocido tu oscuridad, tus días de sol, tus inviernos internos y tus risas de verano.**

Te he visto humano y mortal, te he visto eterno y completo, he visto tus fragilidades, tus gestos al hablar, tus manos tensas, tus ojos rojos, **tu vida en 10 años a través de los sueños que me cuentas y tus momentos efímeros cuando hablamos del hoy.**

Te he visto, he visto tu piel desnuda y tu corazón herido, he visto cuando sangras y también cuando curas; **te he visto todas las veces que has muerto y las otras tantas donde has resucitado,** te he visto cambiando, te he visto perdido, lúcido y encantado.

Te he visto en todas tus formas, abstractas, tangibles, verdaderas y falsas; **en tus madrugadas de no poder dormir y en tus noches cuando el sueño te gana; en tus victorias y gritos de euforia y en tus gemidos indecibles por lo que pudo ser y no fue.**

Te he visto decepcionado de ti mismo, de la vida que te rodea y de lo que no puedes cambiar, te he visto prisionero y libre, en la cima y otras veces en las profundidades, cuando vas por desiertos y cuando caminas en los valles, te he visto con el agua en el cuello y flotando sobre ella.

Te he visto en paz, al igual que en tempestades, conozco tus si, tus no, tus talvez, aunque no los pronuncie tu boca, distingo tu entrecejo cuando se enoja, se emociona o se entristece, **entiendo tu alma cuando se siente atada, decaída y frágil y a su vez cuando es poderosa y más valiente que la valentía misma.**

Te he visto y te sigo viendo, como aquel que recobra la vista después de vivir a oscuras; como un niño consciente de todo menos de sí mismo, lo hago como los ciegos ven el sol sin necesidad de verlo y saben que irradia luz porque les brilla adentro.

Te veo, como veo a los girasoles y su enorme universo de polen, como contemplo mis pinturas cada que me reinvento en ellas; como si fueras algo nuevo que llega a mis ojos cuando te conozco desde hace tiempo.

Te he visto, Te veo.

Otra forma de decir.

Te Quiero.

9
Querida Yo

Hace mucho que no hablo contigo, llevo un tiempo lo bastante largo como para olvidar como es tu voz, cuáles eran tus sueños y el camino de regreso a donde te deje el último día que acudí a ti.

Ha pasado tanto desde entonces, que siento, mereces una disculpa.

Lamento haber huido de ti, buscándote en lugares y personas que no te correspondían, lamento dejarme vencer por todas las opiniones que otros tenían de nosotras, lamento olvidar cuanto te dolía mi ausencia, lamento abandonarte en esa calle oscura de aquella noche de abril.

Lamento las veces que lloraste por causa de mi necedad y mis capricho, lamento querer que encajaras en corazones donde no hacías parte, causarte más heridas, daños y soledades.

Lamento no reconocerte estos días pasados cuando me miraba al espejo, **lamento no amarte, como debí hacerlo.**

Sé que te deje sola mucho tiempo, sé que corrí tras abrazos que después nos soltaron, sé que abandone muchos de nuestros sueños, que deje de escribirte, de escucharte, de prestarte atención.

Que puse a otros antes que a ti, que me di a los demás antes que tenerte por completo, que quise descubrir mundos sin tener en cuenta el universo que guardabas.

Perdóname, no he sabido valorar la maravillosa mujer que eres, tratando de definirte por otros y no por mí misma.

Hoy quiero hacer las paces contigo, quiero cuidarte a ti, quiero volver a lo de antes, ir a nuestro café favorito, leer historias de amor, cantar en la ducha, dormir un poco más de la cuenta y volver a ser arte.

Quiero escucharte cuando te sientas cansada, quiero dejar de correr cuando la vida te pese, quiero darte todas las oportunidades que te negué antes, quiero verte feliz, lo mereces, has cargado conmigo todos estos años y has sido tan paciente; que creo, **lo único sensato que puedo hacer por ti, es dejarte ser y nunca más enterrarte.**

Te mereces viva, como lo eras antes de tantos huracanes, **nos merecemos completas,** amantes y fuertes; inquebrantables y valientes.

Dame tiempo para repararte y una vida extra para empezar de cero, porque aquí estoy queriendo vivirte y no pretendo huir de nuevo.

Reconozco que nunca debí escapar de ti, que nunca debí dejarte.

10
Vacío

Arriésgate a caer.

Lo digo en serio, cae.

Cae aunque te encuentres en la orilla tan lleno de pánico que no sepas qué hacer con tu corazón acelerado; **te lo digo yo, que he vivido un poco más de dos décadas y no he conocido ser perfecto aún, que no sufra al ver el vació ante sus ojos.**

Permite que el aire te lleve, que te guíen los miedos, que te rompan los vientos, que ese camino desconocido que no alcanzas a percibir con los ojos direccionen los pasos de tu corazón y **puedas entonces, de una vez y para siempre, ser libre de todas esas cargas que te obligaban a estar de pie.**

Puede que a medida que caigas te crezcan las alas que has estado escondiendo, que aprendas a volar y conozcas de cielos, pero hazlo, no te pierdas la oportunidad de saltar, de vivir, de volar y sentir.

Baila con el viento que en el camino te acompaña y arriésgate, que echar de menos todo eso que no hacemos es la peor cadena que las almas en pena tienen que llevar.

El vació solo es un espacio ocupado por sueños sin ser creídos, es el campo de experiencias aún no vividas, un océano infinito de ilusiones y deseos, de estrellas fugaces que pasan sin dejar rastro, de corazones frustrados esperando urgente quien los salve.

Y ahí estás tú, a la espera de eso que te empuje, porque las manos te sudan y las piernas te tiemblan lo suficiente como para creer que no lo harás, con esas voces en tu cabeza aclamando desbordadamente que no podrás, porque no hay un rastro de valentía en ti o quizás un poco de coraje.

No las escuches.

Aférrate a esa voz frágil del fondo que te dice - Hagámoslo - y hazlo, salta, conquista el vacío que se te pone al frente y vive.

Que el viento te rasgue un poco el rostro mientras caes, que los brazos se desgarren por la fuerza con la que crees, que las alas se desplieguen casi al punto de morir, y que empieces a vivir, finalmente, a sentir.

Que la oscuridad no te frene, ni los miedos te invadan, mira más allá de lo que viene, de lo que alcanzas, que quienes dicen que no, se queden atrás, hagan silencio por un momento y se impresionen al verte volar.

Lánzate, hazlo con fuerza, llévate el miedo por delante y grita con coraje que puedes hacerlo.

Y vuela.

11
Máscaras

Se encienden las luces y sube el telón, últimamente como que todo me sabe a lo mismo, café cargado con poca azúcar, pan a medio tostar y un algo de mantequilla, el mismo abrigo oscuro por si el día se opaca y empieza a llover, las mismas tres calles que me llevan hacia el tren, el ruido de los autos es igual, bocinas a un lado de la calle y al otro.

Ciento veinte pasos hasta la estación, el sonido despampanante de las puertas al abrirse y todo para entrar en un aglomerado de personas que se muestran de una forma y no son.

Vistas tristes aunque maquilladas, algunos lectores y otros espectadores de una nada que pasa por la ventana a gran velocidad, mientras que avanza el tren y el todo que no se percibe se queda atrás.

Máscaras, todas distintas pero por la misma razón, miedos que invaden corazones cansados, lágrimas que ya se condensaron después de correr durante la noche, ojeras cubiertas, música a volúmenes altos, sonrisas fingidas, amores de antaño, otros imposibles y algunos cuantos de paso.

Vida, frágil y escondida, tras las máscaras creadas por cada humano que vive, o que por lo menos lo intenta.

Se abren las puertas, se termina mi viaje, regreso a las calles dónde encuentro más de lo mismo, personas fingiendo ser lo que les toca, cobardes, aprisionados sin libertad, con gritos en los ojos y miedos al caminar, con las alas atadas y los sueños perdidos.

Desnudos, uno que otro ser que vaga, sin prejuicios o cadenas que les aten a una vida gris y falsa, libres, siendo ellos, arquitectos de su propio camino, artistas que deciden improvisar sus libretos, sin máscaras, con esperanza en los ojos, sonrisa brillante y rayos de sol.

Me enciendo, **siento el corazón palpitar de nuevo y empiezo a vibrar**, el pecho me baila mientras mis alas se estiran, mis ojos se abren a un camino infinito de posibilidades antes extintas y vivo; **dejó las líneas con las que me dibujaron y pinto saliéndome un poco, sin definir trazo, sin limitar mi esencia.**

Vivo por fin una vida franca, sin los guiones de las voces que retumban en la cabeza, tomo mi pluma y empiezo a escribirme, dejo atrás todos los kilómetros que recorrí cubierta y enfrento lo que no quería ver; me desbarata tanto imperfecto, tantas grietas que pretendía esconder.

Pero sigo, creyendo que veré jardines en cada uno de mis espacios, que construiré la vida que perdí tras años y entonces seré la primavera que renace después de un tiempo de invierno.

Sin máscaras que valgan, con mi identidad puesta.

12
Nudos

Cuando era niña me enseñaron a atarme los zapatos, tuve que repetirlo una y otra vez hasta por fin lograrlo, tenía que hacerlo, atarlos y desatarlos, todas las veces necesarias hasta aprender, entendí de los nudos necesarios para no caer en el camino, de cuándo hacerlos y cuando soltarlos y crecí todos los días siguientes, atando y desatando.

Solo que no me imagine otra clase de nudos más que esa, nunca pensé que había nudos en el estómago, en la cabeza y mucho menos en el corazón, no sé cómo se hacen y mucho menos sé deshacerlos, pero duelen, sobre todo cuando me refiero a los últimos, los que nos hacen de la vida un laberinto eterno.

No los conocía, no sabía de ellos, **hasta que crecí y me enfrente con el otro lado de la luna, la que no vemos, la que está a oscuras.**

Me enteré que no siempre se brilla, que hay días que logran vencernos, cansarnos y herirnos, aprendí que hay caídas dolorosas y que ya no se trata de los raspones en las rodillas, ahora son los dolores en el interior.

Ya no se trata de los simples nudos que se atan y se desatan, ahora son enormes enredos de todo eso que todavía no entiendo.

Si fueran así de fácil como desatar zapatos antes de ir a dormir o si se tratará de pequeños nudos con simples salidas, pero no, **es todo un hoyo negro colapsando, llenándose cada vez más de oscuridad**, tragándose la poca luz que le rodea, haciendo de sus nudos una enorme fortaleza y cerrándose completamente a la idea de ser libre.

Nudos, culpables de vidas silenciadas, sueños perdidos y caminos sin recorrer; soltarlos no es fácil y navegar por ellos es casi igual de imposible.

¿Qué hacer con todo eso que no hemos logrado soltar?

¿Qué hacer para mirarnos adentro y empezar a desatarnos los miedos?

Dime tú ¿qué hay que hacer para que creas en tu libertad?

Nunca nada es tan grave, ningún nudo, por más difícil que parezca te será imposible.

Suelta.

13
Área Restringida

He aprendido de límites, de sueños, de posibilidades, de intentos y de prohibiciones.

Me he encontrado con caminos abiertos y mares llenos de nostalgia y separaciones, he visto las estrellas fugaces un poco más eternas que las que viven en el firmamento.

Y luego de todo eso, estoy yo.

Siendo un universo compartido de momentos y experiencias, de caminos sin recorrer y de vida entrelazada, de escombros, ruinas y muertes; pero también de vidas, alas, vuelos y sueños.

A veces lo he permitido todo y otras tantas no he dado paso a nada; lo creo necesario, no siempre es bueno dar acceso a todo lo que quiera entrar; en momentos, sólo en algunos, **es muy bueno restringir.**

Aprendí a decir No, alto, nunca más, no lo merezco, soy mejor que eso, no lo permito y no quiero más; decirlo es importante, cuando algo es tan tóxico como para rompernos la dignidad, el ser o la esencia; es completamente válido y necesario negarnos a aceptarlo.

Yo merezco cosas buenas.

Aunque para todos los demás no sea digna de ellas, se trata de mí, de lo que dejó entrar a mi universo y de lo que no, de lo que permito me robe la paz o me desordene un poco.

Yo decido qué merezco, yo elijo lo que debe estar.

Es mi universo, son mis normas, mis merecer o soltar.

Porque me he visto frágil y me he visto poderosa, me he visto dominando aires y ahogada en mares, con las alas nuevas y también rotas, con sueños cumplidos y frustraciones alcanzadas.

Permitiendo y restringiendo todo lo que sea necesario, para que mi esencia no sea robada, **he sido la princesa y la guerrera de mi propio cuento**, me han encarcelado y me he salvado muchas veces.

He vivido unas cuantas vidas, he muerto algunas otras, pero siempre he vuelto a nacer.

Se puede, sé que siempre se puede.

14
Mientras Camino

No digo que lo haya logrado ya todo, pero he llegado más lejos de lo que creí; cuando empecé a penas y sabia de caminos y ahora que he recorrido unas cuantas millas puedo decir que todo es posible.

Yo que solía estar amarrada a todo lo que podía percibir y me asustaba enormemente la idea de lo desconocido, lo hice, decidí caminar con todo y los miedos que me llenaban el pecho y avance.

Ahora que pongo en pausa mi vida y reviso el camino por el que vine, entiendo que he andado bastante, que no han sido millones de kilómetros, pero sí de enseñanzas y creo, estoy segura que eso es mucho más importante.

En el transcurso aprendí infinidad de cosas, resumidas todas en toda una complejidad de vida, que hoy en día agradezco infinitamente por haber vivido.

Aprendí que el tiempo no siempre está marcado por las horas, que a veces ni siquiera las horas cuentan, que las canciones en ocasiones están mudas y los te quiero en muy contados momentos se gritan.

Aprendí eso de amarme, de darme espacio, de caminar sola he ir encontrando compañía, de valorar a quien llega y dejar ir a quien se va. **Aprendí de finales y de comienzos, de vida queriendo ser vivida y de muerte con miedo a acabar.**

No digo que pertenezca a este ahora, porque este, sólo es un paso a todo lo que me está esperando allá, **pero afirmó que en mi presente he logrado construir en mí, una valentía indescriptible que sale con fuerza en mis momentos de mayor debilidad.**

Que hay más luz dentro de este cuerpo mortal de la que un día creí tener y que todo es posible, aunque el miedo toque a la puerta y no nos quiera dejar salir; **todo se puede y siempre se podrá.**

Hoy, aunque soy consciente de todo lo que hace falta, me siento satisfecha por todo lo que ya fue y deseo seguir dejando huellas para todos los que quieran aprender también.

Mientras camino, no solo doy pasos adelante, también dejo mis pisadas atrás; porque si algo he aprendido, **es que lo más bello de caminar, es marcar el sendero que otros podrán tomar.**

15
Coraza

He vuelto a levantar mis muros, he tenido la necesidad de construirlos de nuevo y no porque sea cobarde, **muy valiente hay que ser para alejarse de todo lo que hace daño y aun así, sabiéndolo, se ama.**

Le puse un alto a todo lo que estaba creyendo merecer, porque no lo merecía, no fui diseñada para que me rompan las alas y los sueños; y mucho menos, para que me rasguen el corazón; **no concibo razones para aceptarlo y creo que no lo haré nunca.**

Así que hoy nuevamente hago mi fortaleza y no, no me estoy escondiendo de algo que se supone debo soltar, es solo que a veces no hay otro remedio en la guerra que rendirse, es mi caso ahora.

Estoy agotada de recibir menos y prefiero hacerme a un lado, adentrarme en mis murallas para reconstruir la mujer que era antes de conocerte, antes de que llegaras tú y le dieras salida libre a todos mis miedos, con la única intención de dejarme allí, a la deriva, probando si yo era capaz de vencerlos.

Ya has visto que no, **hay procesos que no deben obligarse, hay momentos que toman su tiempo y su lugar conforme a uno va avanzando y yo todavía no estaba lista.**

Por eso me voy, por eso me aparto, porque no merezco la cobardía que me estas ofreciendo al recalcar mis errores, sin siquiera ser consciente de que así como yo, haz fallado y no solo a mí, también lo has hecho contigo.

Creo que me merezco libre y esa libertad que prometiste nunca la logre vivir, sentí mis alas tan atadas por las migajas de eso que llamas amor que ahora, con el sentimiento vivo, prefiero alzar el vuelo y envolverme en la coraza que un día te permití partir.

Porque soy yo la que importa y encontrarme a mi es lo que realmente necesito.

16
Quiérete

Quiérete, quiérete tanto que no le temas a estar sola, quiere tus defectos, tus días grises, tus lluvias torrenciales y tu mal humor.

Quiérete poderosa y débil también, quiérete cuando te proclames diosa o cuando te sientas demasiado humana.

Pero quiérete, quiérete tanto que cuando alguien llegue no aceptes menos de lo que en realidad mereces.

Porque tú.

Tú eres todo un universo de maravillas encapsulado en un cuerpo mortal, eres una infinidad tangible, en medio de tanta escasez, **eres la verdad misma, en este mundo que nos parece tan falso**, has llegado con esa luz radiante que tienes dentro de ti; a la que le eres ajena y has alumbrado esta tierra tan oscura y desordenada en la que vivimos.

No te creas menos, no escuches las voces que pretenden apagar ese fuego que te está consumiendo, no las dejes ganar, porque eres más fuerte que sus ganas de verte caída y más valiente aun, de lo que ellos conocen por valentía.

Enséñales con esa sonrisa que cargas que se puede vivir en medio del caos, **que las guerras no son motivo para rendirse y dejar de creer en ti misma, en las fuerzas que escondes y en tus ganas de seguir viviendo.**

Vive, vive por las que hoy ya no están, por todas aquellas a las que les fue robada su luz, por todas a las que apagaron sin razón.

Amate, amate por todas las que aún no nos acompañan, por las que aún no conoces, por todas las que hacen falta y deja a tu paso las huellas que ellas han de seguir.

Pero, por favor, no olvides quererte.

Quiérete, quiérete tanto que a la muerte le cueste enfrentarse contigo y la vida tenga envidia de como tú has decidido vivir. Siendo mujer y siendo libre.

17
Límites

Volvió ese sin sabor de no poder más, la vida me pesa y sigo sin encontrar las respuestas a tantas dudas que me golpean día tras día, como si hubiera entrado en un círculo lleno de vacíos en los que entro y salgo sin darme cuenta, donde nada es suficiente, donde todo está perdido.

No puedo más.

Le grite a la soledad de mi casa aun cuando nadie me escuchaba, porque en realidad a nadie le importa; pero necesitaba escucharme, necesitaba escuchar lo fatigada de mi voz, a causa de la fuerza sobre humana que tiene mi alma al intentar sobrevivir a su propia falsedad.

No estoy bien.

Grite aún más fuerte mientras se me salía el corazón en cada lágrima que intentaba reprimir, pero que sin vergüenza alguna encontraba su camino y salía de mis ojos.

Solo quiero ser feliz.

Susurre finalmente.

Pero sigo sin entender **¿Qué me hace falta? ¿Qué es eso que busco? ¿Por qué los vacíos siguen? ¿Acaso el tiempo no repara los daños?** Parece que no, **quizás solo es una frase de cajón, utilizada para calmar los corazones ansiosos de algún refugio.**

Quizás soy yo quien deba coserme, aunque me duela, aunque sangre, aunque sienta que no pueda, aunque me cueste, esta y todas las vidas que me queden.

Límites.

Mi niña interior me reclama por tantas mentiras que esfuerzo en sostener, por tantos estoy bien que jamás sentí, por tantos esfuerzos de seguir, cuando lo único que necesitaba era descansar de tanto peso que llevaba encima.

Son mis pedazos y soy egoísta, **porque la vida me ha soltado en mitad de vuelo,** porque estoy cayendo y tengo miedo, porque no tengo idea de que me espere allá abajo y mucho menos sé, **si podré volver salir.**

Quiero mi vida de vuelta, quiero mis pedazos completos, quiero mis marcas, mis heridas, mis fragmentos, lo quiero todo, para poder repararme, para reconstruir conmigo todo lo que abandone, todo eso que olvide mientras seguía fingiendo que nada pasaba, cuando en realidad pasaba todo, menos mi vida.

Me quiero de regreso.

Me merezco entera.

18
Contornos

Aquella diminuta línea que delimita el volumen del ser, eso que nos envuelve, nos define y nos hace pertenecer a un algo que concebimos como nuestro, pero que verdaderamente no es de nadie.

Todos nos regimos a uno, esa imagen que se ve en el espejo dándonos una apariencia externa y perceptible, ese velo de carne, ese lienzo efímero que nos cubre, donde reposa nuestra alma, donde escondemos lo más preciado que tenemos, en todo un espacio concreto.

Pero nada de eso tendría valor si no existiera lo que guarda, la esencia que es limitada a ese diminuto espacio en este denso universo, aquella que se desprende en sonrisas, en lágrimas, en victorias y en caídas, **esa esencia que nos define como individuos y no solo como seres vivientes, esa, que nos**

impulsa a correr riegos o a quedarnos en la orilla.

Es ahí donde esta lo valioso del ser, en eso que carga y no muestra, en lo que esconde y no en lo que entrega, porque cuando somos conscientes de lo que en verdad tenemos, no somos lo suficientemente valientes para darnos enteros, para entregarnos a un mundo egoísta que busca cualquier forma de robarse la vida, de apagar los sueños y de romper las alas.

Nos asusta la idea de ser descubiertos, de que esa imagen impenetrable que hemos creado con los años desaparezca un día y toda nuestra fragilidad se derrame, todo ese aroma que hemos intentado ocultar llene los vientos y se disperse tan rápido como la vida misma.

Pero ¿Qué puedo decirte?

Está bien querer cuidar ese tesoro, entiendo que ahora que lo ves no quieras compartirlo con nadie, **pero una luz como la tuya no debe ser reservada en la oscuridad del**

miedo, deberías dejar que todo eso que cargas adentro se desprenda de ti y llenes a este mundo corrompido que tanto necesita de tu virtud.

¿Por qué no hacerlo? ¿Por qué no solo empezar a ser, con todo y los miedos que te atormentan?

Se el primero de muchos en salir de lo establecido para comenzar a establecer, rompe con todos esos esquemas que nos han venido dejando y que hemos seguido sin intención de cambiar.

Ya es hora, es tiempo de que todo eso cambie y podamos gritar por lo que realmente somos, que nuestra esencia deje de estar encarcelada y pueda ser tan libre como el agua en el océano, impetuosa, fuerte y temible.

Pero sin dejar el don de ser humanos, tan humanos como se nos es debido, con temores, miedos y emociones, porque los que nos arriesgamos a salir no somos perfectos, seguimos siendo tan mortales como los que se quedan a la sombra, solo que esta vez con muchas ansias de vivir. **Y de seguir viviendo.**

19
A Toda Marcha

He contado con la suerte de perderme un par de veces y digo suerte, porque la vida no tendría nada de sentido si no nos extraviáramos un poco en ella.

He corrido tantas veces pretendiendo llegar más rápido, que me he olvidado de todo lo que no he vivido, queriendo alcanzar lo que sin duda en su momento debía y que por mi ansiedad de querer lograrlo todo, precipite.

Me prive de experiencias que hoy, desearía tener, **olvide equivocarme un par de veces,** para aprender a hacer lo correcto en este presente que todavía no me correspondía, le di varias vueltas a las manecillas del reloj, queriendo saltarme momentos que para mí, en ese entonces, no eran necesarios y que ahora entiendo por qué debían de darse antes.

Después de tanto, entiendo que mi tren no iba tan lento como lo pensaba, en realidad avanzaba a toda marcha y yo pretendía ir un poco más rápido; lo que daría por volver a esas estaciones en las que no baje, por jugar en los charcos que deje pasar, lo que daría por todos los cafés que deje servidos en la mesa y no los supe aprovechar.

Lo que daría por volver a todo eso que debió ser.

Ahora que he vivido tan rápido y pongo en alto mis pasos, he decidido dejar a un lado los rieles y caminar unas cuantas millas, quizás así todo se ordene o quizás siga todo de la misma forma, **pero nada se pierde con intentar remediar un poco de lo que se decidió mal y hoy se quiere cambiar.**

A veces, empezar de cero es absolutamente necesario y está, sin duda, es una de esas.

No me he rendido del camino, lo que pasa es que no quiero seguir con afanes, necesito ser consiente de todo lo que desde este momento estoy dejando atrás y también de todo lo nuevo que me espera.

Quiero disfrutar de cada lluvia, cada gota de roció, cada espacio de sol y cada caricia del viento.

Quiero que mi alma se llene de toda la vida que está pasando justo ahora por mis manos, mientras escribo este adiós y no porque me vaya precisamente, porque de seguro volveré pronto.

Es solo que por ahora quiero perderme de toda la rutina en la que estuve corriendo y trazar algo nuevo dirigido por mis pies y los impulsos de esta alma que poseo.

Quiero vivir despacio, porque después de haber corrido tanto, me siento como si en realidad no hubiese vivido nada.

A toda marcha no siempre es lo correcto, a veces, solo a veces necesitamos detenernos.

20
Vestida De Fuerza

He sido testigo de muchas personas valientes, he visto como algunas, casi a punto de morir a resurgido con una fuerza impresionante.

Pero en todos los años que llevo, no he visto ninguna que se compare con la mujer que me dio la vida.

A ella, a mi madre le debo todo lo que hoy he logrado ser, me ha dado tanto de sí misma, que me pregunto ¿De dónde sacará toda esa luz que carga?

Ella es todo un infinito de magia, de risas maravillosas y de amor, un amor tan puro, tan perfecto y transparente que en momentos siento, no merecer tanto.

Y es que cuando me preguntan cómo defino la fuerza, la veo a ella en todos los espacios, la veo con su sonrisa brillante y sus sueños salidos de orbita, la veo llena de miedos, con los ojos inundados de lágrimas, la veo agotada de tanto esfuerzo que hace y aun así seguir caminando como si nada doliera, cuando en realidad le duele todo.

He conocido mujeres poderosas, pero ninguna como ella cuando se viste de fuerza, cuando se coloca esa armadura con la que sale a combatir sus temores.

Ninguna, ha sido tan fuerte como ella cuando reconoce su humanidad, cierra sus ojos y sus lágrimas salen como mares.

Ella, es toda mi definición de invencible, su nombre, su recuerdo, su rostro sonriente y sonrojado, disipan todas mis dudas cuando me enfrento a la guerra.

Tenerla a ella, es tenerlo todo, porque fue ella la que me enseñó a creer en mí, en mis sueños, en que si podía y en que siempre podré.

A Ella, la mujer vestida de fuerza, le agradezco por nunca rendirse, por seguir caminando aun cuando sus pies no aguantaban un paso más, pero con todo y eso, alcanzó millas.

Gracias mamá, por salvarme de la oscuridad, por darme toda esa luz que cargas adentro, por llenarme de esperanza cuando creí que ya no había; por no dejarme sola, incluso, cuando no te quería cerca.

Porque has estado, estás y estarás siempre, por darle calma a mis tempestades y abrazarme cuando lo miedos me sacaban del camino.

Gracias, por ser mi motivo más grande para seguir luchando

Espero un día verme al espejo y verte a ti.

Espero que cuando crezca, sea como Tú.

Te Amo.
A la mujer más fuerte de mi mundo.
Mi Madre, Nancy Rodríguez.

21
Pedazos De Mí

He dudado mucho de mí, me he cuestionado tanto por lo que hago y lo que no, por lo que permito y por lo que no, por lo que sueño, lo que pienso, lo que digo, lo que creo y así, por cada cosa que tenga que ver conmigo, siempre, me surgen preguntas.

¿Estaré haciendo las cosas bien? ¿Será esa la mejor decisión? ¿Dije las cosas correctamente? ¿Seré capaz de lograrlo? ¿Yo? ¿Segura que es conmigo?

No sé en qué momento deje de creer en mí, no entiendo todavía que fue eso que me sumergió en tanta incertidumbre de lo que soy, de lo que puedo o de lo que en algún momento seré.

Solo logro encontrar miles de pedazos dentro de este mortal cuerpo, porque el alma soñadora que solía impulsarme ya no

está, la han herido tanto que en un último soplo reacio se desplomo entera.

Pedazos, vacíos, grietas y oscuridad; todo tan profundamente escondido que ni siquiera yo, que lo cargo, sabía de qué existían.

Y es que, cuando todo se desploma, no se le da por avisar, solo cae, porque es más fácil hacer ruido, que gritar *"Cuidado abajo"*. Porque prefiero mil veces más el dolor de los golpes al caer, que el veneno de esas palabras cuando se pronuncian.

Entiendo de todo, menos de este desorden de piezas rotas, sé, que de algún modo, todas encajan; pero no les encuentro el sentido, para siquiera comenzar a armarme.

Me han dejado con este puzle sin sentido, tan fuera de lugar y sin algún manual para empezar de cero, **pero así es la vida de egoísta, que nos enseña con experiencias sin siquiera a ver dado la lección.**

Y aquí estoy y aquí voy de nuevo, con el armario intacto y el corazón lleno de agujeros, con muchísimos pedazos, pero sin idea de un comienzo.

Míos, todos completamente míos, esperando ser puestos en lo que se supone es su espacio, del que no tengo ni idea, cual sea el correcto, pero confiando en la suerte de que le atine a alguno cuando me empiece a armar.

O mejor aún, si eso anterior no es posible, por lo menos me reinvento, cambio mis trazos y me escribo de nuevo.

Con todo eso que descubrí sin ti y con todos los pedazos de mí.

22
¿Hasta Cuándo?

A veces quisiera salir corriendo de todo este afán que me persigue, y es que, no sé quién va detrás de quién, si la vida pretende alcanzarme o en su defecto soy yo quien no quiere perderla de vista.

Es un vaivén intencional de cambios que me canso, estoy fastidiada de avanzar tan rápido y verme en el mismo lugar donde se supone, comencé.

Nadie dijo que sería fácil, pero tampoco, nadie dijo que tomaría tanta valentía, porque no se trata de vivir los días como si no pasaran, **porque mi intención realmente es vivirlos con tanta necesidad de vida, como si todo fuera posible.**

Y es que lo es, todo es posible, todo, siempre y cuando las ganas no se acaben nunca y los sueños, los sueños sean esas pulsaciones infinitas que sustenten nuestra mortalidad y que nos lleven a vivir.

No quiero detenerme un día y sentir que no avance nada, espero, realmente deseo con todo lo que cargo en el corazón, **lograr haber vivido por lo menos unas siete vidas y si llego a pedir mucho, que sea una, pero que parezcan siglos y no solo años.**

Necesito, **me lo pide el alma a gritos**, dejar el miedo a romperme y más bien, **romper todos mis miedos mientras doy pasos de gigante o de pequeña, pero valiente, muy valiente.**

No sé hasta dónde me lleguen las ganas, pero cuando se acaben me inventare alguna excusa para seguir aferrándome a todos los imposibles que creo reales.

¿Hasta cuándo? Ni siquiera me lo pregunten, porque no tengo una respuesta válida, puedo decirles hasta siempre, porque esta alma indomable con la que fui creada me pide todos los días que lo intente un poco más.

23
Por Todas Las Veces

Por todas las veces que me deje pasar, por todas esas en las que me mire al espejo y no me note cansada, por las que ni siquiera me note y por esas en las que me admire como si fuera lo último que vería en mi vida.

Por todas las veces en las que me prometí que todo iba a mejorar y nunca lo hizo; por las que mire el pasado y me jure que jamás regresaría, pero aun así, con todo y promesas retorne.

Por cada instante que preferí perderme antes que perderte a ti, por cada lágrima que llore sola y por cada risa que presumí, por cada palabra que le grite al viento cuando la voz ya no me daba para hablar.

Por las veces en que caí y amé quedarme en el suelo y por todas las otras en las que me levanté con la fuerza de millones de vientos.

Por todos los quiero que dije un día y por todos los miedos que me robaron las ilusiones, por las migajas de amor que acepte, cuando merecía todo un cumulo de besos, versos y valentía.

Por todas las oportunidades que deje ir y por las que retuve con esa fuerza que todavía cargo, **por las mentiras que dije, por las verdades que calle.**

Por todos los sueños que se quedaron en la almohada, por todas las canciones que entoné en la ducha, por cada uno de los cafés con los que he brindado victorias y también, con los que llore mis perdidas.

Por cada kilómetro que he recorrido, por cada página que he podido leer, por cada trazo, cada verbo, cada sí, no, quiero, sueño, miedo, locura y decisión que me encontraron en el camino y agarre.

Por mí, por todas las veces que he sido humana, diosa, cobarde, valiente, frágil, fuerte, rota, amada, cansada, miedosa, intranquila, desconfiada, sonriente y apagada, por todas en las que he sido mortal.

Por todas esas veces en las que me hice fuego y las otras en las que solo fui cenizas.

Por cada vez que gritaron mi nombre junto con un te quiero en la mano y por las que ni siquiera fui recordada.

Por los fracasos, porque vaya, me han enseñado mucho.

Y definitivamente, **por los brazos de mi madre, porque no he encontrado en esta vida un mejor refugio que el suyo.**

Por todas las veces que viví, por todas las vidas que me quedan.

24
A Través De Las Grietas

Me he roto un par de veces y eso es algo que agradezco muchísimo, no porque sean precisamente esos mí momentos favoritos, más bien porque me han enseñado que **romperse es sinónimo de estar vivo.**

Y es que cuando hablo de vida, me enfrento a un sinfín de posibilidades, de definiciones y de conceptos tan ciertos y a la vez tan falsos, que no logro concretarme en uno, me veo en todos y después no me veo en nada.

Porque vivir requiere más que solo tomar aire, requiere tomar valentía, tomar riesgos, aceptar los llantos, las caídas, las subidas, las emociones que nos sorprenden, los precipicios que nos obligan a volar y esos caminos, que muchas veces no son lo que parecen.

Vivir.

Vivir se trata de morir todas las veces que sean necesarias, de quebrace y de romperse; porque una vida sin grietas, no tiene sentido, una vida sin escapes de luz, es una vida a oscuras, reprimida en tanta precaución que ni siquiera ha conocido de miedos.

Eso no es vida.

Quedarse aferrado a una seguridad inestable por el miedo a fracasar en algún intento, definitivamente no es vida.

Romperse es necesario, volar, caer, estar llena de coraje y otras veces tener un nudo de miedos e inseguridades en el pecho.

Todo eso hace parte, si así no fuera el positivo no tendría razón y esa parte negativa que lo compone no valdría de pena, la luz definitivamente no podría ser explicada si no existiera esa oscuridad fría a la que tanto le huimos.

Grietas, resultado de las pizas que se pierden mientras seguimos avanzando a pedazos, caminos formados por falta de algún trozo, dejando espacios infinitos que después serán revestidos de luz.

A través de las grietas, se vive, se cree y se espera.

25
Despedidas

Quise intentarlo todas las veces que me tope contigo, de verdad que quise darte toda la vida que escondía de este mundo al que le temo tanto, pero nunca supe cómo.

Ahora que todo ha terminado y las cosas vuelven a sentarse en su orden, entiendo muchos de los *¿por qué?* que me preguntaba entonces.

Esta vez no se trata de culpas, **no pretendo llenarte de acusaciones y tampoco seguiré aceptando todas las razones que pusiste a mi nombre, porque no son ciertas**, no acepto un día más cargando con el peso de este querer que duro tan poco y que a la final nos salió costoso.

Te diré que todo se dio como debía de darse, aunque a veces sigo sin entender ¿qué fuimos? **porque de ser, no somos nada;** y está bien así, agradezco a la suerte, si es crees en ella, por lo fugaz de tu paso en mi vida, **no eras de los que se quedan, pero sí de los que tenía que pasar.**

Gracias por toda la vida que lograste darme, **por refugiar este corazón que encontraste tan roto,** gracias, por dejarme querer ser contigo y porque, aunque me costó tanto creerte, creernos, seguiste ahí.

No sé qué de todo eso era honesto, no sé si fingías o si en verdad sentías todo lo que solías decirme, pero de igual forma lo agradezco, hayan sido mentiras o no, lo vivimos, lo sentimos y lo sabemos.

Te quise, de verdad que te quise mucho y ahora, que prefiero despedirme de ti, sé que te quiero, sé, que es mejor tomar cielos distintos y seguir volando por caminos aparte, porque, nos merecemos completos, aunque hayamos quedado en partes después de este episodio, **después de este no sé qué sentimiento, que nos dejó un desastre.**

Lo dijiste un día y yo lo guarde para siempre, me miraste con ojos esperanzados y supiste pronunciar, lo que necesitaba entonces.

"Puedes hacerlo, sé que lo harás; porque la gente como tú, brilla hasta con el alma rota" Tenías razón, **estoy rota, pero colmada de luz.**

Gracias.

Y lo digo enserio, gracias por todas huellas que dejaste en mi vida, **por esos destellos de ilusiones que salían de tus risas cada que nuestras miradas cómplices se encontraban;** gracias por los sueños que quisimos construir **y por todos esos imposibles que un día vimos tan cerca.**

Pero adiós.

Porque ninguno de nosotros merece un amor tan herido, tan costoso, tan verdugo como el que vivimos tu yo. **Nos merecemos más que solo un intento de querernos,** nos merecemos un amor que nos presuma, que nos grite y que no le tema a vivirnos de verdad.

Tú allá, yo acá.

Con una historia en común pero con caminos bastante opuestos.

Gracias, Siete.

26
Era Infinito

Era infinito.

Pero no de ese que solo duran un instante.

Ella sabía detener el tiempo con esa risa que rompía los silencios más profundos.

Ella, **con sus miles de formas de poseer la vida y transformarla**.

Ella, que hacía de todas sus partes algo más que poesía, hacia esperanza y eso definitivamente sí que es eternidad.

Era infinito.

De ese que no se acaba cuando llega la tormenta, del que dura más que los para siempre, que las promesas, incluso más, que los *"para toda la vida"* que suelen decirse.

Era amor del verdadero, de ese que puede contra todo, que rompe barreras y miedos, del que atraviesa abismos y cree en lo incierto, de ese que ama tanto e incluso más cuando está lleno de pesada oscuridad.

Era luz y sí que sabía brillar, radiante, fuerte e incandescente.

¡Que quemaba carajo, como quemaba!

Infinito, eso era ella, eso es todavía; cada que la veo puedo notarlo, sigue siendo tan ella, aunque se haya perdido un par de veces.

Ella, la mujer del espejo, **la que veo siempre que quiero realmente verme**, la que oculto por miedo, la que presumo cuando quiero, **Ella, la que tiene nombre de libertad y rugidos de esperanza en el pecho.**

La que he visto caída, humana y llena de heridas, la que he visto levantarse y llorar frente a la nada, **la que he visto amarse y a su vez odiarse tanto.**

Ese infinito que soy yo misma queriendo sobrevivir es de quien hablo, de todo ese universo que sé que poseo, pero en realidad no cargo.

Ella, la cobarde vestida de una valentía que no conoce, **la que se dice a sí misma *"puede hacerlo"* cuando no tiene idea de si podrá lograrlo.**

Ella.

La que es infinita, la que seguirá siendo.

27
En La Oscuridad

Podía escucharlos reír cada noche, esa triste sensación de que me estaban venciendo se apoderaba de mí, me robaba las fuerzas y las ganas de querer intentarlo.

Los escuchaba claramente celebrar sus victorias, me arrancaban pedazos de a poco, se adueñaban de mis piezas y yo seguía sumergida en medio de tanto desastre, con todo ese dolor y sin poder hacer mucho.

Estaba sola, sola contra los miles que me acusaban, me lastimaban y me golpeaban hasta matarme, vivía a oscuras, con la esperanza perdida y ni un solo destello de ilusión.

Conocí de caminos y avance sin luz, con los ojos puestos en ese negro infinito que a la final me resulto radiante, pero que nunca me llevó a la salida; aunque tampoco me quede en el umbral.

Aprendí de versos con todos los silencios que retumbaban en mis oídos y que hoy, después de ya varios días aun hacen ruido.

Y escribí, escribí con el deseo de que alguien pudiera leerme, de que estas palabras no solo se quedaran en mis cuadernos llenos de lágrimas, pero llegaran lejos, **como mensajeras que llevan esperanza o por lo menos intentos.**

Ya no espero que me salven, ni espero esa ayuda que necesite hace un tiempo, porque ahora sé que nadie vendrá, **que enfrentarse a las oscuridades es cosa de uno mismo**, que nadie podrá vencer los miedos que cargo, si no yo, que soy la que los conoce.

Son mis guerras después de todo y este es el campo de batalla en el que me tocó vivir, en medio de una oscuridad absurda pero que no durará para siempre.

No espero que alguien me entienda, me levante del suelo y me cure las heridas.

Lo único que quiero con esto es que nadie se rinda, porque todos luchamos y queremos vencer.

Porque todos nos merecemos caminar en luz, después de una temporada a oscuras.

28
Ausencia

Me sabes ausencia.

Han pasado más de dos décadas y esta es una de mis primeras veces.

Hoy escribo de ti.

Me costó muchísimo acostumbrarme a esto amargo que se siente en el paladar, este vacío frio que sigue en el corazón al que no hace tiempo, **le puse nombre; el tuyo, por si te preguntas cuál es.**

No espero que regreses, he aprendido en todas tus idas y venidas que no volverás para quedarte nunca, que eres como las olas, yendo y viniendo todas las veces que quieres, arrastrando contigo pedacitos de lo que me componen y siendo egoísta conmigo, **porque jamás, aunque lo pida, me dejas algo al que aferrarme.**

Siempre ha sido así y dudo que en algún momento sea diferente.

Todavía le reclamo al viento por todos los mensajes que te envié a través de sus susurros, pero que al parecer, nunca te llegaron; **todos las palabras que solía decir mientras te alejabas por la calle.**

Todas, las recuerdo.

"Papá, te necesito"
"Papá, me haces falta"
"Papá quédate"
"Papá ¿Por qué te vas?"

No te culpo, **pero tampoco te entiendo** y aun así, sin que tú siquiera lo hubieras pedido te perdono.

Hoy entiendo que hay heridas con las que se debe aprender a vivir, yo por ejemplo aprendí a vivir sin ti, sin tus buenos días o tus besos en la frente antes de ir a la cama, sin tus abrazos en mi cumpleaños o tu sonrisa a la salida del colegio.

Aprendí que no tendría tu mano para tomarla por si el miedo me acusaba o cuando sintiera que iba a caer, que no siempre podría llamarte o acudir a ti si te extrañaba, que no llegarías para la cena y que el desayuno siempre sería sin ti.

Aprendí, viví aprendiendo.

Aprendí que tu ausencia duraría todos los días y que aunque regresaras, siempre tendrías el camino de vuelta, **ese que elegiste en algún momento y que nos separó para siempre.**

Hoy me sabes ausencia, pero ya no dueles como antes.

Me sabes a ausencia y sigues sin estar, **aunque nos crucemos a ratos, aunque al tiempo a veces, se le dé por juntarnos.**

A mi padre German Duarte.
"Siempre Quise decirte algo más"
Te Quiero.

29
Cariño

Cariño, es normal que te invada tanta inseguridad, de verdad que entiendo que tus alas al sentir el viento frio no quieran desplegarse, **creo que no hay nada más sensato que querer evitar todo el dolor que proviene de aquellas preguntas sin respuesta** y es por eso, que puedo comprender que estés tan lleno de miedos, porque en definitiva no he sabido responder a todo eso que has querido ofrecerme, a tus sentimientos intactos y a tus labios vírgenes.

Entiendo tus dudas y no pienso amarrarte a mi incertidumbre, la puerta siempre estará abierta para cuando desees volar, si quieres hacerlo conmigo solo dímelo, si quieres tomar otro camino puedes hacerlo; **pero por favor, no te quedes en medio del umbral**, tampoco te comprometas a entrar si no estás seguro de ello, **porque no pienso obligarte a quererme así de rota.**

Solo quiero pedirte algo y espero no sea demasiado, quiero que seas feliz, no importa si es conmigo o sin mí, pero **no te aprisiones a una vida que no se siente completamente libre**, con esto no me despidió, porque mi amor por ti no acaba todavía; **pero no soy la misma y me cuesta muchísimo, volver a entregarme como la primera vez.**

No te culpes, no se trata de ti.

Es solo que aprendí a usar mis alas y a conocer los vientos, **los hice aun estando llena de heridas y miedos, pero sola, siempre sola**; me repare y me costó, por esa razón ahora me cuesta tanto confiar en alguien otra vez.

Las respuestas que buscas no están en lo que pueda yo sentir o no, tampoco en lo mucho o poco que puedas ofrecerme, mucho menos en lo que quizás, llegaremos a ser, **las respuestas están dentro de ti, en esa voz a la que tanto ignoras, por miedo a escuchar esa frase que te sabes de memoria** *"no lo intentes más"*.

Quizás sea lo mejor, **desistir de este imposible que a veces nos sabe a posibilidad**, ser valientes de vez en cuando y aceptar que **hay historias que aunque queramos, no lograran escribirse o finalizar como lo han pintado los cuentos.**

Está, Cariño, ha de ser una de esas historias incompletas, **una gran historia con un final abrumador o sin siquiera un comienzo.**

Ahora nos resta esperar las líneas de las páginas siguientes, **aquello que se escribirá a nuestro nombre y aun no conocemos**, eso que el destino incierto está planeando para dos locos amantes, como lo somos tú y yo; **con el miedo dentro del pecho a perdernos para siempre, pero del que sabemos, es lo único concreto que existe entre nosotros.**

Si este, es nuestro final, debo decirte que tu paso por mí vida, fue tan fugaz como las estrellas que aparecen solo, para cumplir deseos; este es uno de ellos, **un nosotros del que solo seremos testigos tú y yo y un para siempre que seguirá aunque los años se tuerzan,** aunque no volvamos a vernos siquiera y el sonido de tu voz se me olvide con el tiempo.

Pero eso cálido que logro sentir mi corazón abrazado por ti, no se ira por mucho tiempo que pase.

Amigo mío, te deseo buena suerte.

Aunque no conmigo.

30
Pasado

Hace mucho tiempo que no me dirijo a ti, **han pasado años desde que decidí caminar con la vista al frente** y no por ser egoísta contigo, **solo que a veces me dolías mucho como para tenerte en el presente.**

No quiero mentirte con los *"estoy bien"* que acostumbro a decir para no explicar todas las cosas que me pasan, no a ti, que me conoces tanto.

Estoy avanzando y eso es algo que aprendí cuando deje de verte, creo que no volver la mirada hacia atrás fue el primer paso para romper el miedo de caminar a la nada, **una nada que ahora es mía.**

Quiero agradecerte por todo lo que me enseñaste, **aunque la gran mayoría de lecciones que recuerdo fueron dolorosas;** ahora entiendo que todas eran necesarias y que gracias a ellas hoy puedo verme al espejo y sentir que he vivido algo, de lo mucho que espero me toque, aunque duela, caiga o me canse; **quiero con todas las fuerzas que me componen, vivir, pero vivir en serio.**

A veces te extraño, a veces tengo una sensación de querer regresar a los días que pase contigo, pero dentro de mí siempre esta esa voz racional de este presente que me susurra *"niña tonta, eso es imposible"*.

Que gran verdad, **volver a ti es algo que jamás podré hacer aunque lo desee, ya pasaste y yo ya he dado varios pasos hacia adelante como para regresar,** no lo haré, de eso estoy segura; pero lo digo de nuevo, a veces quisiera.

Me veo los pies pero ya no logro reconocerlos, he caminado tanto, que sus huellas iniciales ya no son las mismas que las que ahora dejan, hay tantas cicatrices en ellos, tantas heridas, cayos, raspones, cortadas, inclusive rastros de tierra y piedras que se han ido añadiendo en el camino,

formando un todo en ese corto espacio, un único todo que los caracteriza.

"Son los pies de alguien que no se ha rendido" **me digo siempre.**

Y son míos, lo sé porque los llevo puestos y creo que verlos así y verme a mí, con todo lo que cargo solo me dice una cosa.

He crecido.

He crecido tanto este último tiempo que me siento inalcanzable, **a veces, me siento realmente poderosa y otras, cuando más humana estoy y vuelvo a verte, me hago nudo** y no sé cómo retomar el sendero.

Por esto y por otras cosas que no quiero decir hoy es que te escribo, **creo que es justo que sepas que aunque estas atrás, siempre estas;** porque esta que te escribe hoy, no sería lo más mínimo de lo que es, sin no hubiese pasado por ti.

Gracias, por enseñarme tanto.

Y otra vez gracias, por darme la libertad de seguir caminando **y verte a ti todas las veces en las que me siento perdida.**

PARA TI QUE LEISTE

Querido (a) Lector (ra), Gracias por llegar al final.

Ahora que conoces tan solo 30 de mis pedazos espero ya no te sientas tan solo (a).

Sé que la vida nos ha enseñado cosas bastante difíciles de entender, que a veces debemos enfrentarnos a nuestros más grandes temores y que en otras estamos volando tan alto que se nos olvida como se siente la tierra.

Te entiendo, a veces te cansas y eso es algo que no podemos evitar, a veces te arrepientes, te ilusionas, te entristeces, te llenas de dudas, de respuestas, de felicidad y tantas cosas que nos ofrecen los días.

Eso es vivir, parecer inmortales teniendo la humanidad intacta, aunque igual de frágil a una gota de lluvia.

Eso somos y debes saber, que tú, con todo lo que cargas eres igual de único (a), poderoso (a) y especial a una estrella fugaz.

Cree en ti, aunque el miedo se vea más grande que tus posibilidades y brilla mucho, porque el mundo necesita de esa luz que tienes dentro.

No existe vida más difícil que la que queremos evitar vivir, así que no intentes huir de lo que te corresponde, pisa fuerte y firme para qué dejes huella y camina, hasta que lo logres.

Recuerda, que puedes hacerlo y que siempre podrás.

Con amor y mucha fe de verte crecer:
Nikol Duarte Rodríguez.